SOCIÉTÉ
DES COLONS FRANÇAIS
DE
MADAGASCAR

TAMATAVE (MADAGASCAR)

TYPOGRAPHIE DE LA CLOCHE

1887

SOCIÉTÉ

DES

COLONS FRANÇAIS

DE MADAGASCAR.

SIÉGE SOCIAL

TAMATAVE (MADAGASCAR)

COMITÉ REPRÉSENTANT LA SOCIÉTÉ EN FRANCE

16 Place de la République. (Paris)

Président :

M. SUBERBIE Léon, Chevalier de la Légion d'honneur, négociant à Madagascar.

Vice-Président :

M. ALIBERT Henri, Chevalier de la Légion d'honneur, Capitaine au long-cours, négociant à Tamatave, Madagascar.

Président du Comité de Paris :

M. LAILLET E., Officier d'Académie, Directeur de l'*Expansion Coloniale*.

Vice-Président du Comité de Paris :

M. ARMANGE E., Armateur.

Présidents d'Honneur :

MM. MAHY DE, Député de l'île de la Réunion.
DUREAU DE VAULCOMTE, Député de l'île de la Réunion.
MILHET-FONTARABIE, Sénateur de l'île de la Réunion.
LE MYRE DE VILERS, Résident-Général de France à Madagascar.

MM. THOMASSET (Vice-Amiral), Président de la So-
ciété des Etudes Coloniales et Maritimes à
Paris.
DELONCLE, J. L. Avocat, Rédacteur au minis-
tère de la Marine et des Colonies, Secrétaire-
Général de la Société des Etudes Coloniales
et Maritimes.
DORLODOT DES ESSARTS, Commandant la
Division Navale de la Mer des Indes.

Vice-Président d'Honneur :

M. BUCHARD, Résident-Adjoint à Madagascar.

Membres Honoraires :

MM. MIOT, (Contre-Amiral).
SCHŒLCHER VICTOR, Sénateur.
GERVILLE REACHE, Député de la Guadeloupe,
NICOLAS. A. Capitaine de Frégate.
LE SAVOUREUX JOEL, Vice-Résident de France
à Tamatave Madagascar.
GAUDELETTE, Capitaine de Gendarmerie.
COUTANCEAU, JEAN négt. à Port-Louis Maurice.
CAMPAN, Consul de France.
D'EMMEREZ DE CHARMOY, Docteur en Médecine.
MICHEL, E. C.-P. à Tamatave Madagascar

Membres Fondateurs :

MM. SUBERBIE LÉON, Chevalier de la Légion d'hon-
neur, Négociant à Madagascar.
ALIBERT HENRI, Chevalier de la Légion d'hon-
neur, capitaine au long-cours, négociant à
Madagascar.
SUBERBIE JUSTIN, Négociant à Tamatave Ma-
dagascar.
LAISNÉ DE LA COURONNE, Propriétaire du jour-
nal *La Cloche* à Tamatave Madagascar.
VASSEUR JULES, Receveur des Douanes.
GASSIER HENRI. Négociant à Tamatave.
WICKERS ÉMILE, Inspecteur général des Eta-
blissements de la Nouvelle Calédonie.
LAILLET, E. Directeur de l'*Expansion Coloniale*.
EYMOND MAURICE, Propriétaire et négociant à
Tamatave Madagascar.
MICHEL, E. Commissaire-Priseur à Tamatave
Madagascar.
E. ARMANGE, Armateur.

Membres Correspondants :

MM. GIRARD Stéphane, Rédacteur au *Nouveau Sa-
lazien* à Saint-Denis, Réunion.
BONTEMPS Frédéric, Docteur en Médecine, à
Saumur (Maine et Loire).

Membres du Comité de Direction :

MM. SUBERBIE Léon, Chevalier de la Légion d'hon-
neur, *Président*.
ALIBERT Henri, Chevalier de la Légion d'hon-
neur, capitaine au long-cours, *vice-président*.
EYMOND Maurice, *Trésorier-général*.
LAISNÉ de la COURONNE, *Secrétaire-général*.
SUQUET, *Secrétaire adjoint*.
ROBERT, F. *Trésorier-adjoint*.
SUBERBIE Justin.
Albert BONTEMPS.
E. DELOUTE fils.
F. RIBE père.
R. LAJUS.

Membres Souscripteurs :

MM. LAISNÉ de la COURONNE, Propriétaire du jour-
nal *La Cloche*, Tamatave, Madagascar.
LOWINSKY, J. Typographe à Tamatave, Mada-
gascar.
CHENARD, J. Commerçant à Tamatave, Madag.
SUBERBIE Léon, Chevalier de la Légion d'hon-
neur, Négociant à Madagascar.
SUBERBIE Justin, Négt. à Tamatave, Madag.
LONGUET, (Mme Vve.) Propriétaire à Tamatave.
AMBROGI, Négociant
VASSEUR Jules, Receveur des Douanes.
GRINNE, P. Préposé des Douanes.
GRINNE, C. Employé de commerce à Tamatave.
GASSIER Henri, Négociant à Tamatave.
MEULI, A. Boulanger à Tamatave.
ALIBERT, H. Chevalier de la Légion d'honneur,
Capitaine au long-cours, négt. à Tamatave.
BAVIER, Victor de Employé de commerce à
Nossi-Bé.
ANCESSY, A. Employé de commerce.
ORIEUX Prosper, Propriétaire à Tamatave.
F. RIBE père, Commerçant à Tamatave.
BOYER Julien, Propriétaire à Sainte-Marie.
LAJUS Raymond, Commerçant à Tamatave.
PÉREZ Louis, Charpentier à Tamatave.

MM. LACOUTURE Alexandre. à Tamatave.

KULPINSKY, Employé de commerce à Tamatave.

FERRER St-Ange, Employé à Tamatave.

COURAU Aurélien, Ingénieur, entrepreneur à Tamatave.

ROUSSELET P. J. et Cie, Planteurs à Madagascar. Négociants à Port-Louis, Maurice.

WICKERS Emile, Inspecteur des Etablissements français en Nouvelle-Calédonie.

DREYFUS Paul, journaliste à Paris.

RABAUD Edouard. Négociant-Armateur, agent du Lloyd à Marseille.

TAUNAY Victor, journaliste à Paris.

LAGRILLÈRE-BEAUCLERC, journaliste à Paris.

MALLAT de Bassillan, journaliste à Paris.

LIFARD Charles, à Paris.

SÉNÉCHAL, Officier d'Etat-major à Paris.

BARAT L., journaliste à Amiens.

D'ANNS G., journaliste à Amiens.

FRANCIS FRANÇOIS, journaliste à Amiens.

REVILLON, journaliste à Amiens.

TOSSENCOURT C., Commerçant à Amiens.

THIÉBAULT J., propriétaire à Amiens.

SCHUPP E., Constructeur à Amiens.

MALLAT Elie, Propriétaire à Lamou (Somme).

GIRAULT H., journaliste à Paris.

LAILLET E., Officier d'Académie, Directeur de l'*Expansion Coloniale*.

HOAREAU DESRUISSEAUX Alexis, à Nossi-Bé.

LA NUX Emile Deriscout de, Négociant à Diégo-Suarez.

WICKERS Thomy, à Saint-Denis (Réunion).

WICKERS Joseph, Propriétaire à Tamatave.

TARDIEU Fortuné, Employé de Commerce à Tamatave.

BETSY Léopold, empl. de commerce à Tamatave.

EYMOND Maurice, Propriétaire à Tamatave.

OUVRARD, Coiffeur à Tamatave.

GADIERE Célestin, Commerçant à Tananarive.

GASSIER A., Voyageur de commerce à Paris.

F. GILLOT, Employé à Tamatave.

LEBRETON Martial, Négociant à Tamatave.

DEHEAULME Paul Joseph, Préposé des Douanes à Diégo-Suarez.

BOYER Désiré, commerçant à Tamatave.

ARMANGE E., Armateur à Paris.

KESSANG J. B. Rolland de, Explorateur, Officier d'Académie.

CHAUVIN Fridolin. Entrepreneur à Tamatave.

ROCHARD Ernest-François-Marie, Pharmacien à Tamatave.

MM. GILLOT ERNEST, à Masoha Madagascar.
GÜILGOT, Naturaliste explorateur à Madagascar.
BONTEMPS ALBERT, Négociant à Tamatave.
BONTEMPS MAURICE, Ingénieur-architecte et
négociant à Tamatave.
LAMOTHE ADRIEN, Commerçant à Tamatave.
GRAVES A., Commerçant à Tananarive.
BARON AUGUSTE, à Tamatave.
DUBROUARD GABRIEL, Commerçant à Tamatave.
BORDENAVE DE, Négociant à Majunga.
LONJON JOSEPH, Commis de Résidence, Tamatave.
REDDINGTON JAMES, Propriétaire à Tamatave.
MAJASTRE AUXILLE, Naturaliste à Tamatave.
POUPARD AMÉDÉE, Commissaire-Priseur à Port-
Louis Maurice.
DUSAULCHOY, Huissier à Port-Louis Maurice.
NÉTUMIÈRES Vicomte DE, à Tamatave.
RAOUL LÉONCE, Directeur du Mauritius Dock à
Port-Louis Maurice.
SUQUET, Négociant à Tamatave.
POCULOT, Ingénieur à Port-Louis Maurice.
TARDIEU, Ingénieur à Port-Louis Maurice.
HUTEAU VICTOR, Négociant à Port-Louis Maurice.
MALLAC TRISTAN, Négociant à Port-L. Maurice.
COUTANCEAU JOSEPH, Négt. à Port-L. Maurice.
VINCENT GEORGES, Négt. à Port-L. Maurice.
GAUTRAY VALERY, à Port-Louis Maurice.
ROBERT FRÉDÉRIC, Avoué à Tamatave.
BEGUIE, Employé de commerce à Tamatave.
REVOIL GEORGES, Chevalier de la Légion d'hon-
neur, Voyageur-explorateur.
BAUBONNE A. à Lyon.
BAYELAIS G., Negociant à Nantes.
STÉPHANON THÉODORE, ex-officier des Messa-
geries Maritimes, Ingénieur-mécanicien des
Arts et Métiers à Maurice.
MARMIER, Employé à Tamatave.
SIMON C.M., Maire et conseiller général à Nouméa.
VERGÈS, Pharmacien à Tamatave.
BASCHET LÉON, Correspondant spécial des jour-
naux le *XIXe Siècle* et le *Petit Lyonnais* à
Tamatave.
NAIL CHARLES, Négociant à Tamatave.
CASTEL DUGENET Représentant de la Maison
Mante, Borelli de Régis aîné à Tamatave.
GREFFULHE HENRY, Chevalier de la Légion
d'honneur, Agent des Messag. M. à Zanzibar.
PAJOT, Député du Cher à Paris.
BALISSON, Commerçant à Tamatave.
v. PLETTEMBERG, Ing.-Mécanicien à Tamatave.

MM. BARILLET, Commerçant à Tamatave.
DELOUTE ALFRED, Négociant à Tamatave.
CLARENBACH, Négociant à Tamatave.
OLIVIER, Contrôleur des Douanes à Tamatave.
DEDONCKER G. Commerçant à Tamatave.
NULY, Employé de commerce à Tamatave.
CANONVILLE GUSTAVE, Commerçant, Tamatave.
SESCAU JEAN-BAPTISTE, Commissaire-Priseur et
    courtier à Tamatave.
TOURNAY, Commerçant à Tamatave.
JALUZOT JULES, à Paris.
CLARENC, Docteur, à Port-Louis Maurice.
DARUTY DE GRANDPRÉ à Port-Louis Maurice.
SOCIÉTÉ D'ASSISTANCE FRANÇAISE à Maurice.
ADAM, HENRI (Honorable) Député au Corps Lé-
    gislatif à Maurice.
LONGUET ALFRED, Commerçant à Tamatave.

J. Winter, Com' à Tamatave.
F. Winter, Com' à Tamatave.
A. Janvier, Com' à Tamatave.
Léonce Zéline, Com' à Tamatave.
Amédée Prince, M'ds Négociants
    à Paris.

Membres Donateurs et Correspondants :

LA SOCIÉTÉ DE COLONISATION MAURICIENNE
    A MADAGASCAR.

BUT DE LA SOCIÉTÉ

La *Société des Colons Français de Madagascar* a pour but de favoriser l'établissement des Colons à Madagascar, d'aider la création d'établissements agricoles, d'ouvrir au commerce un nouveau champ d'exploitation, et enfin et surtout de soutenir les anciens Colons tant dans leurs efforts de colonisation que dans les revendications qu'ils auront à faire, et à cet effet, recevoir toutes communications et renseignements, réunir toutes pièces et documents, appuyer toutes réclamations justes et fondées auprès de toutes commissions ou autorités, fournir aux intéressés tous renseignements gratuits offrant les plus grandes garanties et aussi les affranchir de démarches longues et coûteuses.

Le Comité centralise à Tamatave tous les documents relatifs aux productions du pays, aux objets qui y sont consommés de préférence, au trafic qu'on peut y faire tant à l'importation qu'à l'exportation.

Le Comité est en communication avec toutes les Société phitantropiques, de colonisation, de géographie, de navigation et autres, qui secondent l'œuvre de la Société.

Enfin, s'inspirant de ce qui a été utilement fait par d'autres Sociétés, le Comité de la *Société des Colons Français de Madagascar* a ouvert un répertoire du travail, par un registre des offres et demandes, où sont inscrits à leur tour tous ceux qui ont le désir de trouver dans cette colonie l'emploi de leur activité.

La Société comprenant l'importance d'une solidarité entre tous les Colons de Madagascar quelque soit du reste leur nationalité a fait les frais d'un hôpital civil où tous les malades nécessiteux sont admis et reçoivent gratuitement les soins exigés par leur état et qui leur sont donnés sur ordonnance du Docteur.

Les malades entrent à l'hôpital sur un certificat du Docteur attaché à cet établissement.

Il y a là un fait de haute moralité qui n'échappera à personne.

RÈGLEMENT

ARTICLE 1er. — La *Société des Colons Français de Madagascar* a pour but de provoquer et de faciliter un mouvement d'émigration libre vers Madagascar en favorisant les Colons, grâce aux ressources fournies par les souscriptions et les dons.

Le Comité a un service spécial de renseignements généraux, ces renseignements sont donnés gratuitement à toute personne faisant partie de la Société.

Le siège de la Société est à Tamatave (Madagascar.)

ARTICLE 2. — Le Comité s'interdit de prendre aucune décision contrairement aux principes ci-dessous.

1° La Société demeurera étrangère à tout parti politique.

2°. Elle admet parmi ses membres toutes les opinions, et toutes les croyances.

ARTICLE 3. — La Société se compose de membres souscripteurs, de membres donateurs, de membres fondateurs et de membres honoraires.

Les membres souscripteurs verseront entre les mains du Trésorier, une somme annuelle de 12 francs.

Les membres donateurs ajouteront à leur souscription annuelle la somme qu'ils voudront bien donner.

Les membres fondateurs verseront en sus de leur souscription annuelle un somme de cinquante francs, une fois donnée.

Les membres honoraires ne sont tenus à aucun versement, ils donnent seulement leur haute approbation au but poursuivi par la Société.

ARTICLE 4. — Tous les membres de la Société auront droit d'assister aux assemblées générales et y seront électeurs et éligibles.

ARTICLE 5. — L'administration appartiendra à un Comité composé de neuf membres, au nombres desquels figureront le Président et le Vice-Président.

ARTICLE 6. — Le Comité nomme dans son sein à part le Président et le Vice-Président, un Secrétaire et un Trésorier.

ARTICLE 7. — Le Comité nommé en assemblée générale est élu pour une année et les membres sont rééligibles.

ARTICLE 8. — Le Comité est chargé de la direction générale.

Il fixe l'ordre du jour des assemblées générales.

Il met à exécution les décisions de l'assemblée générale.

Il représente la Société.

ARTICLE 9. — Le Comité se réunit une fois par mois.

Il statue sur toutes les affaires intéressant la Société.

ARTICLE 10. — Une assemblée générale des membres de la Société aura lieu chaque année à Tamatave.

Elle est présidée par le Président de la Société.

Il y est rendu compte des travaux du comité, de l'état des finances et il y est procédé à l'élection des membres sortant du Comité.

ASSEMBLÉE GÉNÉRALE DES ADHÉRENTS

Tenue le 15 Avril 1886.

PROCÈS-VERBAL DE LA SÉANCE

CONSTITUTION DE LA SOCIÉTÉ

L'an mil huit cent quatre vingt-six, le quinze avril, à quatre heures de l'après-midi, Messieurs les adhérents à la *Société des Colons Français de Madagascar* se sont réunis, sur convocation préalable, en assemblée générale, à l'établissement du journal *La Cloche.*

Assistaient à la réunion :

MM. LAISNÉ DE LA COURONNE,
    J. LOWINSKY,
    A. GRINNE, Préposé des Douanes.
    C. GRINNE, Employé de commerce.
    H. GASSIER, Négociant.
    H. ALIBERT, Cap. au long cours et négociant.
    P. ORIEUX, Propriétaire.
    AURÉLIEN COURAU, Ingénieur-constructeur.
    PAUL DREYFUS de Paris, représenté par M. Laisné de la Couronne.
    ALFRED RABAUD, Chevalier de la Légion d'honneur, négociant-armateur, Président de la Société Géographique de Marseille, représenté par M. Laisné de la Couronne.
    EDOUARD RABAUD, Négociant-armateur, agent du Lloyd à Marseille représenté par M. Laisné de la Couronne.
    VICTOR TAUNAY, journaliste à Paris, représenté par M. Laisné de la Couronne.
    LAGRILLIÈRE BEAUCLERC, journaliste à Paris, représenté par M. Laisné de la Couronne.
    MALLAT DE BASSILLAN, journaliste à Paris, représenté par M. Laisné de la Couronne.
    CH. LIFARD, Agent de publicité à Paris, représenté par M. Laisné de la Couronne.
    SÉNÉCHAL DE LA GRANGE, Officier d'État-major à Paris, représenté par M. Laisné de la Couronne.
    L. BARAT, journaliste à Amiens, représenté par M. Laisné de la Couronne.

MM. F. D'ANNS, journaliste à Amiens, représenté
par M. Laisné de la Couronne.

G. LEPRINCE, Ingénieur à Anzin (Nord), représenté par M. Laisné de la Couronne.

FRANCIS FRANÇOIS, journaliste à Amiens, représenté par M. Laisné de la Couronne.

RÉVILLON, journaliste à Amiens représenté par
M. Laisné de la Couronne.

C. TOSSENCOURT, neg. à Amiens représenté
par M. Laisné de la Couronne,

J. THIÉBAULT, propriétaire à Amiens, représenté par M. Laisné de la Couronne.

E. SCHUPP, constructeur à Amiens représenté
par M. Laisné de la Couronne,

ELIE MALLAT, propriétaire à Lamou, (Somme)
représenté par M. Laisné de la Couronne.

H. GIRAULT, journaliste à Paris représenté par
M. Laisné de la Couronne.

E. LAILLET, directeur de l'*Expansion Coloniale* à Paris représenté par M. Laisné de la
Couronne.

J. B. PRUDENT, neg. à Tamatave.

EMILE DERISCOURT DE LA NUX, négociant à
Diégo-Suarez, représenté par M. Laisné de la
Couronne.

THOMY WICKERS, ex-lieutenant des volon-
taires a St-Denis Réunion, représenté par M.
J. B. Prudent.

FORTUNÉ TARDIEU, employé de commerce à
Tamatave.

MAURICE EYMOND, propriétaire et négociant
à Tamatave, représenté par M. H. Alibert.

CÉLESTIN CADIÈRE, commerçant à Tamatave.

A. GASSIER, voyageur de commerce à Paris
représenté par M. H. Gassier.

F. GILLOT, employé à Tamatave.

Sur la proposition de M. Laisné de la Couronne,
M. H. Alibert a été acclamé à l'unanimité président
de l'assemblée.

Sur une seconde proposition de M. Laisné de la
Couronne M. P. Orieux a été acclamé secrétaire de
l'assemblée.

M. H. Alibert après avoir pris le fauteuil de la
présidence et avoir fait mettre le secrétaire à sa
droite a déclaré la séance ouverte.

M. le secrétaire a donné lecture du règlement
de la Société.

M. Laisné de la Couronne après en avoir reçu
l'autorisation du président a lu la liste nominative et

générale des adhérents de la Société et s'est ensuite exprimé en ces termes :

Messieurs,

Notre Société n'a point un but politique à proprement parler, pas plus du reste qu'elle n'a un but financier, c'est un intérêt de groupement et de solidarité que nous cherchons, c'est de l'économie politique que nous voulons faire en même temps que nous ferons de la philantropie au profit des nôtres.

Notre Société a déjà reçu les plus chaleureux encouragements, et les plus honorables adhésions, quelques unes de ces dernières sont accompagnées de termes trop flatteurs pour que nous n'en soyons pas touchés

Au moment, messieurs, où les évènements se précipitent, au moment où chacun ne doit avoir en vue que la prospérité de notre colonie française, qui a traversé à Madagascar de si rudes épreuves, qui sont loin, hélas, d'être terminées ; au moment, dirais-je où nous avons besoin de toute notre force pour la mettre utilement au service de nos représentants, dépositaires d'un mandat de protection que nous devons rendre facile, vous avez compris l'utilité de notre association et le bien qu'elle était appelée à provoquer.

Vous n'êtes pas les seuls, messieurs, qui ayez compris la puissance de l'association ! de nombreux amis en Europe, impressionnés de votre initiative, se sont immédiatement enrôlés sous votre bannière protectrice des intérêts coloniaux et métropolitains, et je dois le dire, les nombreuses sociétés Françaises similaires de la nôtre nous ont offert leur appui et leur participation.

Au ministère des affaires étrangères on s'est occupé de nous et on a bien voulu nous faire savoir qu'on attendait notre constitution définitive pour nous donner l'avantage de faire reconnaître notre Société par le gouvernement.

Le but de cette réunion, messieurs, est donc la constitution de notre Société, la nomination de notre président, de notre vice-président, et de notre Bureau de Direction.

A ces fins messieurs,

Je propose à votre choix comme président, M. L. Suberbie, chevalier de la Légion d'honneur, actuellement absent de Madagascar, mais dont la sollicitude ne nous fait pas défaut à Paris. Comme vice-Président messieurs, j'ai l'honneur de proposer à votre suffrage, M. H. Alibert, l'actif et intègre négociant que vous connaissez tous, la réputation de M. Alibert, messieurs, ne saurait être défendue devant vous, son désintéressement et son dévouement à toutes les œuvres patriotiques et philantropiques s'imposent à vous pour le mettre à notre tête. quant à votre Bureau, messieurs, je crois faire acte de justice en vous désignant, en dehors du président et du vice-président devant en faire partie de droit, comme membres électifs, les cinq adhérents à votre Société, savoir :

> MM. E. MICHEL.
> M. EYMOND.
> J. SUBERBIE.
> H. GASSIER.
> LAISNÉ EE LA COURONNE.

Vous aurez, messieurs, suivant moi, à faire, dans l'ordre des indications ci-dessus, ces nominations par acclamation. et avant de procéder, messieurs, à ces travaux de constitution, je me permets de vous prier de vous joindre à moi et de crier *Vive la France !*

Sur l'invitation du Président, et spontanément, l'assemblée répète avec enthousiasme ce cri patriotique.

Le secrétaire procède alors, comme il suit, aux votes proposés et par acclamation et à l'unanimité M. Léon Suberbie, Chevalier de la Légion d'honneur est nommé Président de la Société.

Le secrétaire met aux voix la nomination de M. H. Alibert comme Vice-Président.

Par acclamation et à l'unanimité moins une voix, M. Alibert est nommé Vice-Président de la Société.

Passant à la nomination des membres du bureau :

Le secrétaire met aux voix la nomination de M. E. Michel.

Par acclamation et à l'unanimité moins une voix, M. E. Michel est nommé membre du Bureau.

M. M. Eymond également proposé est nommé par acclamation membre du Bureau.

M. J. Suberbie est aussi nommé membre du Bureau par acclamation et à l'unanimité.

M. H. Gassier est par acclamation est à l'unanimité, moins une voix, choisi comme membre du bureau.

Par acclamation et à l'unanimité moins une voix, M. Laisné de la Couronne est accepté comme membre du Bureau.

À l'occasion de cette dernière nomination, M. E. Michel, après en avoir obtenu l'autorisation du Président prend la parole et expose qu'en raison de la part prise par M. Laisné de la Couronne à la formation de la Société, due à son initiative, il aurait désiré lui voir occuper dans la Société un poste moins effacé que celui que sa modestie bien connue lui fait solliciter.

L'assemblée adhère à ces marques de sympathie et d'estime données a M. Laisné de la Couronne.

M. Laisné de la Couronne se lève, remercie M. Michel ainsi que l'assemblée et prononce avec émotion quelques paroles touchant à la grandeur du but poursuivi par la Société,

M. le Président se levant à son tour proclame la CONSTITUTION DÉFINITIVE DE LA SOCIÉTÉ.

Cette proclamation est suivie du cri de tous les membres de l'assemblée : *vive la France* :

M. Michel conjure tous les membres du bureau à être, avec exactitude, ponctualité et dévouement au service de l'œuvre entreprise. Il ajoute que chacun doit donner la plus grande somme de son intelligence et de son activité aux besoins de notre Société appelée à avoir une grande importance, au point de vue des intérêts qu'elle doit protéger et soutenir.

M. Laisné de la Couronne donne la nomenclature de quelques chaleureuses et honorables adhésions et lit une lettre de l'honorable M. Schœlcher, sénateur de la Guadeloupe, et de l'honorable M. Gerville Réache, député de la Guadeloupe et propose que ces deux documents, flatteurs pour la Société, soient conservés dans ses archives.

Sur la proposition de l'honorable M. Alibert Président, l'assemblée émet un vote de remerciements à M. Laisné de la Couronne.

Après avoir engagé le bureau à se réunir pour procéder à sa constitution, le jeudi 22 de ce mois, M. le Président déclare la séance levée.

Fait à Tamatave Madagascar, en assemblée générale, les jours, mois, heure et an que dessus.

Le Secrétaire,

Signé : P. ORIEUX.

MODIFICATIONS AU RÈGLEMENT

COMITÉ DE DIRECTION

Séance du 14 Mai 1886

Extrait du Procès-verbal

Sur des explications fournies par M. Laisné de la Couronne, le Comité a décidé que tous pouvoirs étaient donnés au Président de la Société, M. L. Suberbie, actuellement à Paris, qui de concert avec M. E. Laillet devra former à Paris un comité chargé de représenter en France la Société.

Ce comité devra mensuellement faire connaître ses opérations au siége de la Société à Madagascar et devra autant que possible se conformer aux instructions qui lui seront transmises par le Comité de Direction.

M. E. Laillet a été nommé Président de ce Comité et sur la proposition de M. H. Alibert il a été décidé que M. Armange, armateur en serait le vice-président.

Passant ensuite à la discution de la fixation de la cotisation annuelle de chaque membre de la Société il a été à l'unanimité décidé qu'elle serait de 30 francs par an pour les membres souscripteurs laquelle somme sera payable d'avance, par trimestres, semestres ou pour l'année entière à la convenance des souscripteurs.

Sur la présentation de divers modèles il a été décidé que les cartes devant être remises à chaque membre seraient de couleurs différentes, pour les membres souscripteurs, donateurs, fondateurs, et les membres honoraires et qu'elles seraient accompagnées d'un reçu signé par le Trésorier.

COMITÉ DE DIRECTION

Séance du 27 Mai 1887

Extrait du Procès-verbal

Sur la proposition de M. Michel, le Comité a pris la résolution suivante :

« La Société quoiqu'étant essentiellement fran-
« çaise, recevra dans son sein, tous les membres
« étrangers d'un caractère recommandable, qui vou-
« dront bien s'associer à cette œuvre française.

« Mais, ces membres ne pourront jamais dans
« aucun cas, ni présider les assemblées, ni faire par-
« tie du Comité de Direction, cette résolution a été
« prise à l'unanimité. »

ASSEMBLÉE GÉNÉRALE

Tenue le 20 *Janvier* 1887

Procès-verbal de la Séance

L'an mil huit cent quatrevingt-sept, le Jeudi
Vingt Janvier à deux heures de l'après midi, Messieurs les membres de la *Société des Colons
Français de Madagascar* se sont réunis sur convocation préalable en assemblée générale à l'établissement du journal *La Cloche*.

Assistaient à la séance :
MM. J. Reddington, Tardieu, J. Lonjon, Lebreton,
Lacouture, Courau, Baron, Désiré Boyer, F. Robert,
F. Chauvin, J. Suberbie, L. Suberbie représenté par
M. J. Suberbie, Guilgot représenté par M. J. Suberbie,
E. Gillot, Lowinsky, Orieux, R. Lajus, Ouvrard, M.
Eymond, Suquet, Michel représenté par M. Suquet,
Alibert, A. Grinne représenté par M. Alibert, C. Grinne
représenté par M. Alibert, Betsy représenté par M.
Alibert, Lamothe représenté par M. Alibert, A. Bon-
temps, M. Bontemps représenté par M. A. Bontemps,
Deheaulme représenté par M. A. Bontemps, de Né-
tumières représenté par M. A. Bontemps, F. Ribe,
Laisné de la Couronne, H. Gassier représenté par
M. Laisné de la Couronne, Dériscourt de la Nux re-
présenté M. Laisné de la Couronne, Hoareau Deruis-
seaux représenté par M. Laisné de la Couronne.

Le vice-président de la Société, M. H. Alibert
prend le fauteuil de la présidence et sur sa proposition MM. M. Suquet, A. Bontemps, F. Ribe sont
à l'unanimité, nommés, pour former avec le Président
le Bureau de la Séance, et prennent place aux côtés
de M. H. Alibert.

Le Trésorier rend compte à l'assemblée de l'état
financier de la Société.

En sa qualité de Secrétaire Général M. Laisné de
la Couronne donne connaissance à l'assemblée des
différentes œuvres de la Société depuis sa fondation.

Le Président annonce alors à l'assemblée que les
fonctions des Membres du Comité étant expirées il
convient de procéder à un vote pour la nomination

des membres devant composer le Comité de Direction,
pour l'année 1887.

Sur la proposition de M. Laisné de la Couronne,
l'assemblée décide qu'il convient de porter de Sept à
Onze, y compris le Président et le Vice-Président, les
Membres du Comité a former pour 1887.

En conséquense le Président prie les membres
présents de vouloir bien procéder à la nomination,
par Bulletin secret, de neuf membres devant former
le nouveau Comité; avec le Président et le Vice-
Président.

L'assemblée procède à ce vote auquel prennent
part 37 votants.

Le dépouillement donne les résultats suivants :

35 bulletins réguliers.
1   d°   nul
1   d°   blanc

Total 37 bulletins.

MM. Laisné de la Couronne a obtenu 35 voix
    M. Eymond   34 »
    J. Suberbie   34 »
    A. Bontemps   34 »
    Suquet   33 »
    F. Ribe   32 »
    E. Deloute   24 »
    R. Lajus   21 »
    F. Robert   21 »
    H. Gassier   17 »
    F. Chauvin   13 »
    A. Meuli   8 »
    Castel Dugenet   2 »
    Orieux   2 »
    Michel   1 »
    Courau   1 »
    Lonjon   1 »

Le Prsident fait connaître ce résultat à l'assem-
blé et déclare que MM. Laisné de la Couronne, Eymond J. Suberbie, A. Bontemps, M. Suquet, F. Ribe
E. Deloute, R. Lajus, F. Robert, ayant obtenu le
plus grand nombre de voix sont appelés à composer
le Comité de Direction pour l'année 1887.

Les membres du Comité s'ajournent après la séance pour former le Bureau.

M. Alibert Président donne connaissance à l'assemblée que la société a depuis le mois de Novembre
dernier, pris charge de l'hopital civil ou refuge dont
précédemment l'autorité militaire s'était chargée et il

demande à l'assemblée de vouloir bien exprimer par un vote si la Société doit continuer à prendre charge du dit hôpital ou refuge.

Sur la remarque de M. Laisné de la Couronne que l'hôpital était une des œuvres les plus utiles que puisse faire la Société, et sur la proposition de M. Bontemps que la Société devait accepter purement et simplement la charge de l'hôpital en présence de l'abandon que faisait M. Alibert à la Société pour Dix années du terrain sur lequel est érigé le dit hôpital.

Les Membres présents ont à l'unanimité décidé que la Société prendrait à sa charge tous les frais généralement quelconques résultant de la gestion, des soins et de la conservation de l'hôpital ou refuge.

Sur la proposition de Monsieur Eymond Trésorier général, l'assemblée décide à l'unanimité qu'à l'avenir la cotisation de chaque membre qui précédemment était de Trente francs par an sera réduite à Douze francs et que les cotisations dont la rentrée n'est pas encore opérée pour l'année écoulée, jouiront des bénéfices de cette réduction mais que les sommes déjà versées resteront acquises à la Société sans que les membres qu'elles concernent puissent revendiquer, pour le passé, le bénéfice de la réduction de la cotisation

M. Laisné de la Couronne présente à l'assemblée plusieurs copies du dessin représentant le monument commémoratif que la Société se propose d'élever à la mémoire des Français morts pour la Patrie à Madagascar, et sur la proposition de Monsieur A. Bontemps il est décidé que l'inscription devant être mise sur le monument sera la suivante :

A

LA MÉMOIRE

des

FRANÇAIS

morts pour la

PATRIE

à Madagascar

1882—1886

L'assemblée émet le vœu qu'il soit donné le plus tôt possible suite, par mode de souscription générale, au projet de ce monument commémoratif.

Sur la proposition de M. M. Eymond l'assemblée émet un vote de sympathique confiance à M. E. Michel dont l'état de santé prive la Société de ses dévoués services, et décide que M. E. Michel est nommé Membre honoraire de la Société, sur la même proposition il est voté des remerciements à M. H. Gassier qui a fait partie du Comité durant l'exercice écoulé.

Après quoi la séance de l'assemblée générale a été déclarée close par le Président.

Sans désemparer les membres du Comité sont entrés en séance.

Etaient présents :

MM, Laisné de la Couronne.
    M. Eymond
    J. Suberbie
    A. Bontemps
    M. Suquet
    R. Lajus
    F. Robert

Sur la proposition du Président le Comité forme son bureau comme suit:

MM. Maurice Eymond Trésorier Général
    F. Robert Trésorier Adjoint
    Laisné de la Couronne Secretaire Général
    M. Suquet Secrétaire Adjoint.

Sur la proposition de M. Suquet il est décidé qu'il sera formé un comité de quatre membres désignés mensuellement par le Président, et qui sera chargé de la direction et de la surveillance générale de l'Hôpital, sur la même proposition il est décidé qu'il sera formé un deuxième comité de trois membres, désignés mensuellement par le Président, qui sera spécialement chargé de l'assistance publique.

Sur la proposition également de M. Suquet il a été formé un comité composé de MM. Alibert, Eymond, Suquet, et Robert, chargé de provoquer à Maurice une souscription au profit de l'œuvre du Monument Commémoratif.

Aux mêmes fins il a été formé un deuxième comité pour l'île de la Réunion, il est composé de MM. F. Ribe, R. Lajus, A. Bontemps, J. Suberbie.

Le Comité décide enfin que M. Suquet est délégué pour représenter la *Société des Colons Français de Madagascar* auprès des *Sociétés de Colonisation Mauricienne à Madagascar* et de l'*Alliance Fran* çaise, afin d'obtenir de ces Sociétés qu'il soit affecté une partie des fonds qu'elles pourraient avoir de disponibles à l'enseignement de la langue française à Madagascar.

Le Comité décide que jusqu'à nouvel ordre il se réunira autant que possible au moins quatre fois par mois.

Sur l'avis du Président la séance est levée.

Fait les jour, heure, mois et an que dessus.

Le Secrétaire Général,

Laisné de la Couronne.

MODIFICATION AU RÈGLEMENT

Comité de Direction.

Séance du 3 Mars 1887

En conformité de sa décision de ce jour, le Comité arrête qu'il y a lieu de faire l'addition suivante à l'article 3 des règlements de la Société :

« Toute Société adhérente aura droit de se libé-
« rer par anticipation en versant comptant les cotisa-
« tions de dix années, moyennant lequel versement
« elle sera inscrite à perpétuité comme membre titu-
« laire de la Société. ».

Les adhésions doivent être adressées au Directeur du Journal *La Cloche* à Tamatave (Madagascar) auquel il suffira de faire parvenir le bulletin ci-joint rempli et signé.

SOCIÉTÉ DES COLONS FRANÇAIS DE MADAGASCAR

SIÈGE SOCIAL : TAMATAVE (*Madagascar*)

Je soussigné (1)

demeurant à (2)

demande à faire partie de la SOCIÉTÉ DES COLONS FRANÇAIS DE MADAGASCAR à titre de membre titulaire.

A   le   188

Signature

(1) *Nom, prénoms et profession*
(2) *Lieu du domicile ou adresse*

Nota. — Adresser ce bulletin rempli et signé au Directeur de *La Cloche* à Tamatave *(Madagascar)*.